CONTES D'HÉLIUM

Écrit par E. DORINDA SHELLEY

Illustré par ELEANOR A. HUTTON

Copyright © 2020 par **E. DORINDA SHELLEY**

Numéro de contrôle ISBN:
Couverture souple: **978-1-77419-013-5**
EBook - **978-1-77419-055-5**

Tous les droits sont réservés. Aucune partie de ce livre ne peut être reproduite ou transmise sous quelque forme ou par quelque moyen que ce soit, électronique ou mécanique, y compris la photocopie, enregistrement, ou par tout système de stockage et de récupération des informations, sans autorisation écrite du détenteur des droits d'auteur.

Les informations d'impression sont disponibles sur la dernière page.

Dépôt légal : **04/10/2020**

Pour commander des exemplaires supplémentaires de ce livre, contactez:

Maple Leaf Publishing Inc

3rd Floor 4915 54 St

Red Deer AB, T4N 2 G7

www.mapleleafpublishinginc.com

E: info@mapleleafpublishinginc.com

O: 1- 403 356 0255

T: 1 (888) 498-9380

Nous suivre sur Facebook, Twitter, Linkedin et YouTube

Table des matières

LA TABLE D'HÉLIUM..................................1-21

L'ŒUF D'HÉLIUM......................................23-57

TALONS D'HÉLIUM...................................59-86

POUR NOS MÈRES, QUI NOUS ONT INSPIRÉ
À AIMER LES LIVRES:

DR. ELLEN MORSE SHATTUCK LOEFFEL
ET MAJORIE M. HUTTON

LA TABLE D'HÉLIUM

Salut! Je m'appelle Kath. Un jour, ma mère a commencé à nettoyer notre table de salle à manger, couverte pendant cinq ans de courrier indésirable, de livres et de journaux. Nous avions acheté une autre table pour manger.
Mon père, qui est médecin, a toujours laissé ses gros livres sur la table. Il a ajouté qu'ils avaient aidé à la maintenir car il s'agissait d'une table à l'hélium pouvant flotter comme un ballon. Je pensais qu'il se moquait de nous.

Au cirque il y a un an, il m'avait acheté un grand ballon rouge rempli d'hélium. Quand mes frères ont essayé de l'enlever, je l'ai abandonné. Le ballon monta très vite dans le ciel et disparut aussitôt.

Au cours des jours suivants, ma mère a ramassé des sacs pleins de choses venant de la table. Notre chien et notre chat regardaient depuis le canapé, de même que quatre oiseaux dans leur cage.

Lorsque Mère enleva le dernier livre lourd, un coin de la table commença à se lever. Puis toute la table craqua et commença à flotter vers la porte d'entrée ouverte.

Le chien et le chat ont sauté sur la table avec deux des oiseaux. Mais la table flottait toujours. Bientôt, elle s'est écrasait dans la porte moustiquaire.

La mère a couru au pâturage pour demander de l'aide. «Tout le monde est vient et saute sur la table», cria-t-elle aux animaux.

Les animaux étaient très serrés. Le dernier était leur chef, la Dinde Big Daddy. Les animaux ont sauté dessus en essayant de ramener la table au sol.

Mais c'était inutile. La table flottait à travers les arbres. Tout le monde devait éviter les lignes électriques. Alors qu'ils flottaient près de la maison et près du fleuve, les deux ânes chantèrent: «Tous à bord, salut! hee-haw.»

Maman regarda la table et les animaux disparaître lentement. «Personne ne va y croire», dit-elle, «pas même ma famille!»

Quand mon père est rentré à la maison, il n'a même pas vu que la table n'etait plus la, jusqu'à ce qu'il essaie de poser le courrier dessus. Puis il n'a même pas été surpris en disant: «Je vous ai dit que c'était une table d'hélium.»

Au journal télévisé ce soir-là, il y avait U.F.O. rapports sur l'état de l'Ohio. L'Air Force a vérifié, mais personne ne croit à leur histoire d'une grande table chargée d'animaux de ferme.

**Bientôt la table fut dans l'espace.
Les animaux ont salué la navette
spatiale.**

Quand la nuit tomba, les animaux avaient froid et faim. Pour garder tout le monde au chaud, les moutons ont partagé leurs manteaux de laine et les oies ont formé une couverture en plumes. Les poules ont pondu des oeufs pour le dîner. Bientôt, tout le monde se sentit mieux.

«J'ai un plan», avala la Dinde Big Daddy, attisant sa queue pour paraître plus grand et plus important. «Attrapons la malle de l'espace pour rendre la table si lourde qu'elle retournera à la Terre.»

Au clair de lune, ils surveillaient le passage de toute chose. Le chat a repéré plus depuis qu'il pouvait voir bien dans le noir. Le cheval et les ânes ont attrapé une jonque avec les dents.

En travaillant ensemble, ils pourraient déplacer la table. Les oiseaux ont battu des ailes, tandis que le chien a dirigé avec sa queue. Les animaux ont attrapé une très lourde étoile filante ainsi qu'un gros marteau perdu de la station spatiale.

Alors que les débris spatiaux s'empilaient, la table commença à couler. En descendant à travers des nuages humides, les animaux ont pu boire et se laver.

Les oies les ont conduits à la maison car ils pouvaient avoir un long chemin. Quand ils ont vu la rivière, ils étaient si heureux qu'ils klaxonnaient et battaient des ailes.

Quand la table a atterri dans la cour avant, les coqs ont chanté, le chien a aboyé et les ânes ont chanté leurs meilleurs hi-haws. Nous étions si heureux qu'ils soient à la maison, mais Père a crié: «Attends! Ne descends pas de la table avant que j'apporte de gros livres.

Il était difficile de remettre la table dans la maison. En quelques jours, cependant, la table était revenue à la normale, couverte de courrier indésirable et de journaux, avec un livre lourd à chaque coin. «N'oublie pas», nous a dit le père. «Ne nettoie plus jamais cette table!» Et nous ne l'avons plus jamais fait.

L'ŒUF D'HÉLIUM

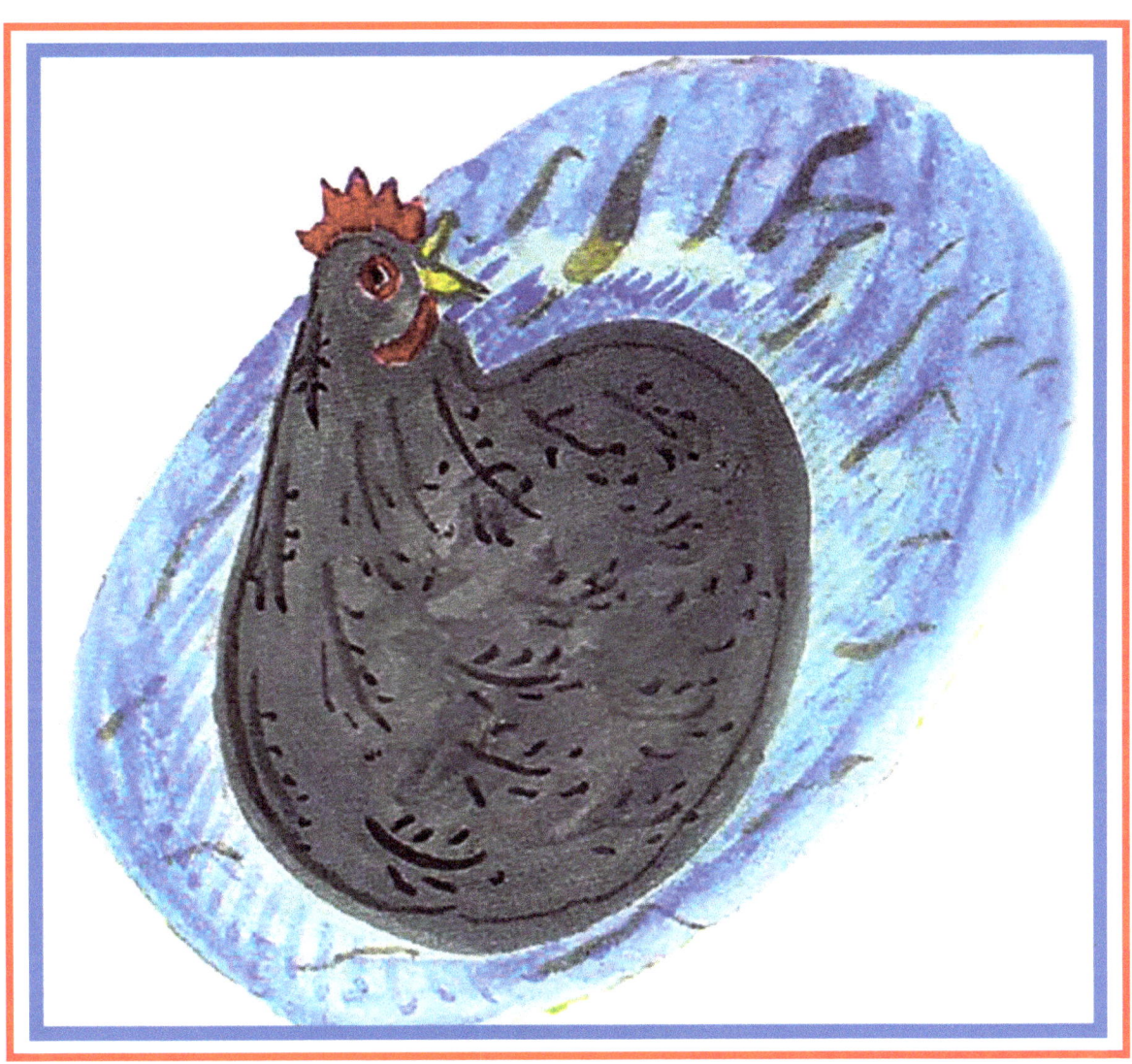

**Salut! Je m'appelle Kath.
En ramassant des oeufs dans la grange, j'ai trouvé un gros oeuf caché dans la paille dans un coin sombre.**

Plus gros qu'un oeuf d'oie, il était bleu clair avec de fines stries brunes et ressemblait à un ballon mou.

**J'ai mis l'oeuf dans le panier
au-dessus de la paille. Mais quand
je suis allé le chercher, l'oeuf était parti!
A proximité, une petite poule noire
était endormie sur ses oeufs.**

**Elle avait vu le gros oeuf bouger
et l'avait roulée hors du panier
et pousser dans son propre nid
lorsque je lui tourné le dos.**

Quelques jours plus tard, des choses étranges ont commencé à se produire dans le poulailler. La petite poule noire a commencé à rebondir sur son nid. Sa poitrine ressemblait à un sac de boxe. Quand elle se réveilla le lendemain matin, elle flottait dans les airs au-dessus de l'oeuf bleu qui tremblait de partout.

«Aider moi, aider moi,» cria-t-elle. Elle a été sauvée par 2 dindes qui ont sauté à bord de l'oeuf et l'ont ramené à son nid.

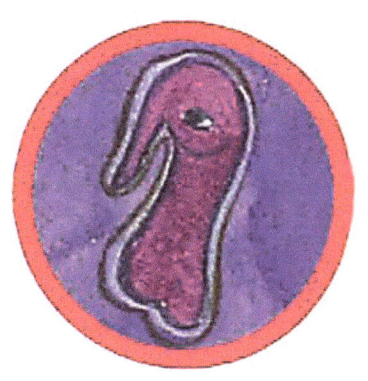

Chaque jour, l'œuf décollait, comme un ballon de cirque rempli d'hélium gazeux qui s'envole lorsqu'il est lâché. Très vite, toute la famille du poulailler était nécessaire pour contenir l'œuf: 15 dindes, 30 poulets, 3 faisans d'argent et 2 paons.

Une nuit, tout le groupe a flotté par la fenêtre dans le jardin. Au lever du soleil, le coq au sommet de la pile à commencer à chanter:

**«Cocorico-HELP!
Cocorico-S.O.S. !
Cocorico-911!»**

Le réveil du coq a réveillé 16 canards endormis qui sont venus en courant, tremblant et battant des ailes pour sauter à bord de l'oeuf.

Bientôt, ils ont été rejoints par 5 oies qui sont montées à bord très lentement, gardant le nez en l'air alors qu'elles surveillaient les problèmes.

Malheureusement, quand il a commencé à pleuvoir, les canards et les oies ont oublié leur devoir et ont sauté de l'oeuf pour courir et jouer dans les flaques.

Immédiatement, l'oeuf a commencé
à flotter à nouveau.

Puis une brise soudaine commença à souffler l'oeuf par-dessus la clôture du pâturage. Juste à temps, un cheval de course à la retraite a couru après et l'a attrapé doucement entre ses dents.

Après l'avoir ramené dans la grange, il l'assit soigneusement sur un bord pour le maintenir.

À ce stade, l'oeuf ressemblait à un énorme oreiller grumeleux. Au cours de la semaine suivante, les autres animaux de la grange ont pris des airs en faisant « DEVOIR D'OEUFS «, assis doucement sur l'oeuf.

38

Enfin, ils ont tous eu besoin de maintenir l'oeuf, y compris 30 poulets, 16 canards, 15 dindes, 8 chats, 5 oies, 4 chiens, 3 moutons, 3 faisans d'argent, 2 paons, 2 ânes, 1 cheval, 1 lama et 1 chèvre. L'oeuf devenait encombré et la grange devenait très chaude.

Le 21, les animaux se sont réveillés lorsque leur tête a heurté le plafond de la grange.

40

Ils ont eu peur quand ils ont vu le sol de la grange tout en bas.

Dinde Big Daddy est devenu le plus âgé et le plus sage d'entre eux.

Comme ils avaient tous besoin du petit-déjeuner, il envoya les chats cherchez de la nourriture et de l'eau, sachant qu'ils grimperaient sur les chevrons en bois et qu'ils n'auraient pas peur de la hauteur.

Tout le monde avait peur de basculer et devait faire très attention de ne pas tomber.

Bientôt, ils furent tous recouverts de toiles d'araignées poussiéreuses. Les araignées qui vivaient là ont blâmé les animaux pour avoir détruit leurs maisons.

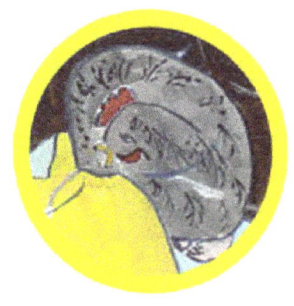

À l'heure du dîner, ils entendirent un sifflement semblable à de l'air sortant d'un ballon, suivi d'un grand bruit.

46

L'oeuf a lentement flotté sur le sol, où les animaux reconnaissants ont sauté, sauf la petite poule noire.

Elle était assise au milieu de l'oeuf aplati, se sentant soudain toute seule et effrayée. Mais ensuite, elle vit une bouffée de fumée se faufiler à travers un petit trou dans la douce coquille d'oeuf bleue.

Trois autres bouffées suivirent et elle compta bientôt 4 petites figures en forme de nuage, chacune avec deux yeux noirs et scintillants. Avec un choc, elle réalisa qu'ils étaient des bébés fantômes.

Lorsque les nouveaux bébés ont commencé à frissonner, la Poule Little Black a dégainé ses plumes et a enfoncé les bouffées de fumée sous sa poitrine.

Bientôt, ils s'endormirent dans leur nouveau lit de plumes, partagés avec plusieurs nouveaux poussins.

Les 4 bébés fantômes semblaient être des garçons identiques. La Poule Little Black leur a donné le nom de vrais garçons qui fréquentaient souvent la grange: Tom, Will, Elliot et Brando.

Elle s'endormit bientôt, rêvant de sa nouvelle famille et du plaisir qu'elle aurait.

53

**Rêvait-elle lorsqu'elle entendit une petite voix pleurer dans l'obscurité? «Aider moi, s'il vous plaît, aider moi il y a quelqu'un. Je suis coincé et il fait noir ici. Et puis, tu es assis sur moi!»
La petite poule noire secoua doucement sa couvée endormie de ses plumes et partit à la recherche de la voix.**

Alors qu'elle jetait un coup d'oeil à l'intérieur de l'oeuf bleu, une petite fille au nuage minuscule et aux yeux d'un bleu cristallin a surgi, deux fois plus petite que la taille de ses frères. Les yeux de la Poule Little Black se remplirent de larmes de joie alors qu'elle souriait et s'écriait doucement: «C'est merveilleux d'avoir une fille. Je t'appellerai Little Becky, d'après ma mère.»

Cette nuit-là, quand Kath aida à mettre tout le monde de la grange au lit, la petite Poule Noire remua et lui fit un clin d'oeil comme pour lui dire: «Je t'ai dupé cette fois, n'est-ce pas?»

Puis elle se blottit dans la paille et se rendormit avec sa nouvelle famille.

TALONS D'HÉLIUM

Salut! Je m'appelle Kath. Un soir dans la grange, du coin de l'oeil, j'ai vu quelque chose bouger derrière une poubelle contenant de la nourriture pour poulet.

Tandis que je regardais mon journal, mon chien et un chat est entré dans la grange pour enquêter. Au-dessus de nous, la famille des bébés fantômes s'est assise sur les poutres de la grange et ont rigolés.

Soudain, un petit animal poilu noir et blanc, est venu marcher rapidement sur le sol.

C'était une moufette! J'ai attrapé le collier du chien et l'ai tirée vers la porte. Le chat a suivi et nous nous sommes tous enfuis aussi vite que possible.

Comme les bébés fantômes n'avaient jamais vu de mouffette, ils se sont laissés aller pour enquêter et ont décidé de jouer un tour.

«HUER!» Ils ont tous crié ensemble.

La mouffette effrayée les aspergea d'un liquide gras odorant qui sentit terriblement fort dans toute la grange.

Les bébés fantômes ont commencé à pleurer. Ils coururent dehors pour trouver leur mère, la Poule Little Black, qui était dans le pâturage en train de se promener le soir.

«Pee-yoo», gronda-t-elle. «Vous devez tous prendre un bain dans le jus de tomate, MAINTENANT!» Elle remplit une grande tasse de thé de jus tomates chaudes et met doucement chaque bébé dans le bain.

Tommy, Willy, Brando, Elliot et Little Becky ont nagé et se sont éclaboussés. Ensuite, la Poule Little Black a nettoyé chacune avec une brosse à dents. Elle a soigneusement couvert leurs yeux avec son aile pendant qu'elle travaillait.

Finalement, elle les a rincés avec un arrosoir et les a laissés sécher sur la clôture du pâturage. Ils sentaient toujours si mauvais qu'elle ne voulait pas qu'ils s'approchent du nid.

«Va dormir dans la stalle aux ânes,» gloussa-t-elle. «Ils ont beaucoup de paille dans laquelle se blottir.»
Les ânes étaient déjà couchés et occupant tout le stand. Ils se sont plissés le nez lorsque les bébés fantômes ont grimpé sur eux mais ne les ont pas secoués.

S'il vous plaît gratter nos oreiles, Hee-Haw, Hee Haw», disaient-ils avant de s'endormir.

Hee-Haw, Hee-Haw, Hee-Haw...

Le lendemain matin, la petite poule noire trouva ses bébés blottis autour des oreilles des ânes. Elle se retourna, se sentant un peu triste de constater que ses bébés n'auraient bientôt plus besoin d'elle.

Cet après-midi, les ânes devaient avoir le sabot coupé. Comme les ongles des pieds, leurs sabots ont continué à grossir et à faire mal quand ils sont devenus trop longs.

Ils n'aimaient pas se faire couper les pieds et ne restaient pas immobiles. Par conséquent, ils avaient besoin au préalable d'un médicament pour dormir, administrés par leur médecin, une femme vétérinaire.

Lorsque les ânes ont sommeil, leurs oreilles commencent à s'affaisser. Les bébés fantômes regardaient avec un grand intérêt.

Après cela, les bébés fantômes ont décidé de jouer un tour aux ânes endormis. Ils ouvrirent une boîte de peinture rouge et se mirent à peindre les pieds des ânes.

Ils ne savaient pas que la peinture contenait de l'hélium, le même gaz qui fait voler les ballons au cirque. Quand les ânes se sont finalement réveillés, leurs pieds étaient légers comme des plumes. Ils ont été choqués en découvrant leurs pieds rouges. Quand les bébés fantômes ont commencé à rire et à pointer du doigt, les ânes ont su qu'ils avaient été trompés. «Faites semblant d'être heureux», murmurèrent-ils.

Quand ils se sont levés, les ânes ont admiré leurs pieds et ont chanté: «Allons danser, 1-2-3, 1-2-3, Hee-Haw-Haw, Hee-Haw-Haw, Hee-Haw! Dans le pâturage, ils levèrent les talons et tournaient en rond. Ils étaient si légers sur les pieds qu'ils ne touchaient souvent pas le sol.

Peu de temps après, une foule nombreuse d'animaux surveillait la scène: cerfs et ratons laveurs dans les bois, chats et poulets sur la clôture, oies et dindes dans l'herbe. Les plus gros animaux du pâturage étaient occupés à essayer de rester à l'écart. Tous les animaux applaudissaient et applaudissaient.

Allons danser, 1-2-3, 1-2-3

**Cette nuit-là, les bébés fantômes se recroquevillas avec les ânes.
Ce n'était pas facile car les ânes dormaient sur le dos, les pieds flottant dans les airs. Les bébés fantôme ne se souciaient pas que leur astuce s'était retournée contre eux.**

Kath a été surpris de voir les sabots rouges. «Je veux du vernis à ongles de couleur pour mes orteils», murmura-t-elle à la Poule Little Black, qui lui fit un clin d'oeil.

Le lendemain, quand Kath laissa sortir les ânes, ils trouvèrent une grande fête dans le pâturage. Les animaux des kilomètres à la ronde dansaient ensemble. Ils avaient tous les pieds rouges après avoir traversé une grande casserole de peinture dans la grange. Les bébés fantômes étaient entièrement rouges à force de jouer dans la peinture. Le pâturage était couvert d'empreintes rouges.

Kath s'est jointe à la fête en montrant ses propres ongles rouges. Bientôt, elle menait une danse en ligne avec les animaux autour du pâturage. Les bébés fantômes se promenaient sur les ânes, accrochaient pour la vie.

Cette nuit-là, tout le monde dans la grange était très fatigué et se couchait tôt. Les ânes souriaient dans leur sommeil, fiers de leurs beaux pieds et de leurs talents de danseurs.

La petite poule noire a accueilli sa famille fantôme dans son nid. Elle était fière de la nouvelle mode qu'ils avaient commencée. «Quelle belle fête de quartier!» elle a gloussé.

87

Éditer par: **Maple Leaf Publishing Inc**

3rd Floor 4915 54 St

Red Deer AB, T4N 2 G7

www.mapleleafpublishinginc.com

E: info@mapleleafpublishinginc.com

O: 1- 403 356 0255

T: 1 (888) 498-9380

Nous suivre sur Facebook, Twitter, Linkedin et YouTube

https://mapleleafpublishinginc.com
Pour commander: 1-(403)-356-0255

N° ISBN : **978-1-77419-013-5**
EBook: **978-1-77419-055-5**

Dépôt légal : **04/10/2020**

LA TABLE D'HÉLIUM

L'ŒUF D'HÉLIUM

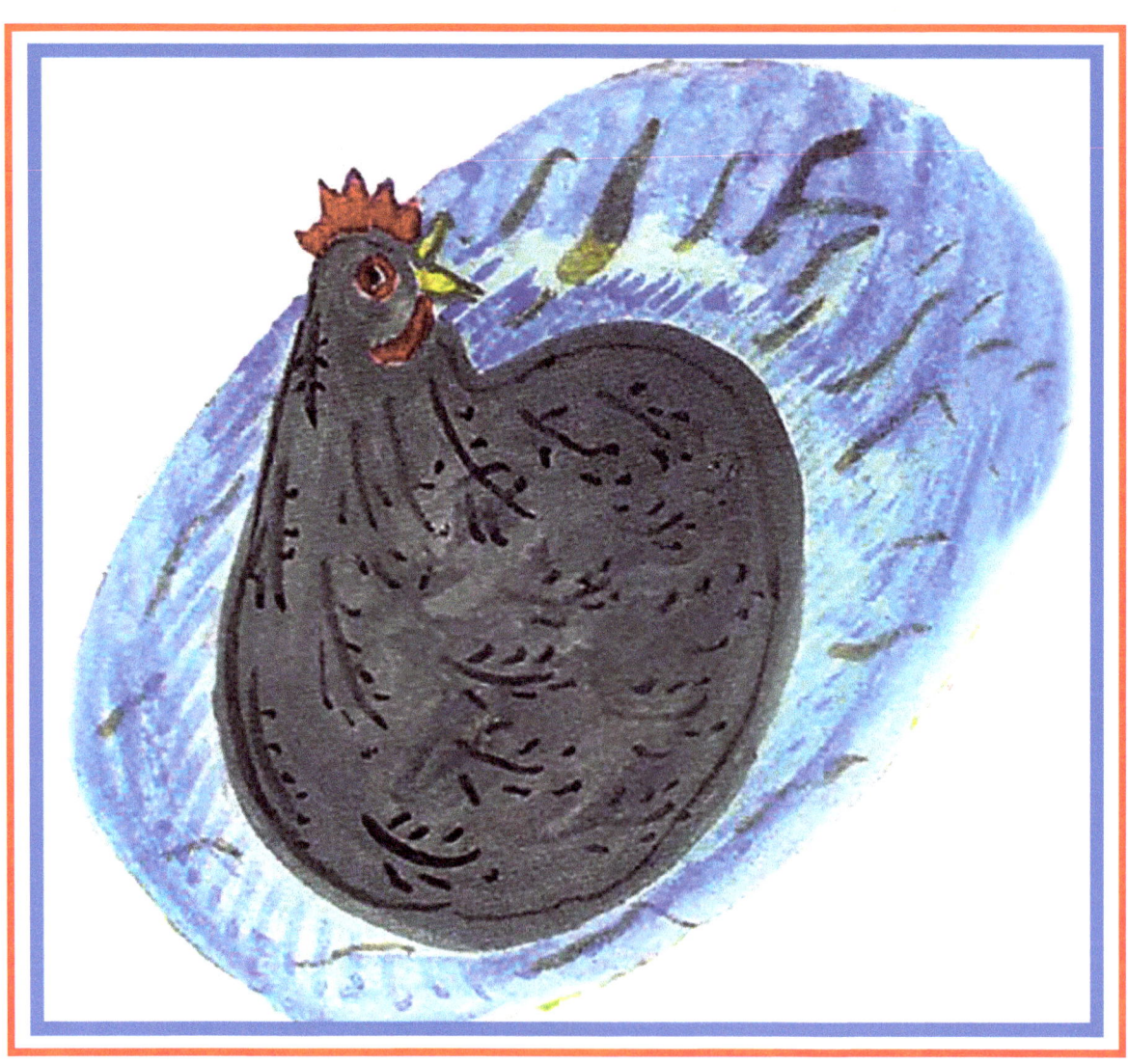

TALONS D'HÉLIUM

www.ingramcontent.com/pod-product-compliance
Lightning Source LLC
Chambersburg PA
CBHW051257110526
44589CB00025B/2861